5

Lh 189.

SIÉGE DU FORT

de Monzon,

EN ARRAGON,

Du 27 Septembre 1813, au 14 Février 1814.

A MONTPELLIER,

De chez X.r JULLIEN , Imprimeur des troupes de toutes armes,
place Louis XVI. N.º 57.

1823.

PERSONNEL

et composition de la garnison.

État - Major,

MM. J. M. BOUTAN , *Capitaine au* 81.e *Régiment d'Infanterie* , *Commandant.*

LACHAPELLE , *Chirurgien* , *aide-Major.*

S.t-JACQUES , *Garde du Génie.*

TROUPE.

.e Compagnie du 12.e Escadron de Gendarmerie

| Officiers. . . . . | z. |
| Gendarmes à pied | 90. |

Un Caporal et 4 *Canonniers de la* 6.e *Comp.e , du* 6.e *Régiment d'Artillerie à pied.*

AVANT-PROPOS.

Tous les siéges ne peuvent pas prétendre à l'honneur d'occuper une place dans les fastes de l'histoire. Ses annales sont ordinairement réservées pour ces siéges fameux qui ont préparé les invasions et la défense des états, et exercé une influence notable sur les cours et les résultats généraux des différentes guerres ; ou bien encore, pour ceux qui, féconds en utiles leçons, ont signalé de grands progrès dans l'attaque ou dans la défense des places ; ou de grandes fautes, ou de grands malheurs, exemples mémorables de la manière dont la fortune se joue parfois des combinaisons les plus sagement conçues.

Mais les plus grandes machines ne sont pas les seules qui méritent l'attention de l'observateur. Il en est plusieurs qui, pour n'avoir que des rouages des plus simples, n'en offrent pas moins des exemples intéressans, de ce que le génie de l'homme peut créer, et de l'usage qu'il en peut faire.

Le siége peu connu dont on offre ici la relation, présente ce genre d'intérêt.

Ce n'est, ni comme évènement important par lui-méme, ni comme se rattachant à d'importans résultats qu'on croit devoir chercher à le sauver de l'oubli. C'est au contraire parce qu'il a été soutenu avec des moyens très-exigus, qu'on le croit digne de fixer un instant l'attention. C'est sur-tout à raison de la rare industrie que l'on a été dans le cas d'y déployer pour satisfaire aux nombreux besoins que chaque jour voyait éclore, qu'il parait mériter d'être connu, particulièrement des jeunes militaires qui appartiennent au corps du Génie.

Une compagnie de Gendarmerie se trouve, par un hazard assez bizarre, enfermée seule dans un petit fort de l'Arragon et obligée de s'y défendre.

Dans son inexpérience de la guerre de siége, elle n'a pour conseil et pour guide qu'un simple Garde du Génie. Mais bientôt animée et électrisée par les traits d'imagination et de courage de cet homme intrépide et sur-tout par son ton d'assurance, elle aborde, sans hésiter, tous les travaux; affronte tous les dangers; et exécute avec succès toutes les chicanes d'un siége.

On ne sait ce que l'on doit le plus admirer dans cette défense, ou de la manière dont un employé d'un grade aussi subalterne sut gagner la confiance la plus entière d'une garnison à qui il était permis de se défier d'elle-même dans une espèce de guerre avec laquelle elle devait être si peu familiarisée; ou de la judicieuse déférence que le commandant du fort, et les deux autres officiers de la garnison eurent pour ses avis et ses lumières; ou du dévouement sans bornes avec lequel ces braves Gendarmes se portèrent à faire tous les métiers que reclamait la défense dont ils etaient chargés, quelqu'étrangers que fussent ces métiers au service spécial qu'ils avaient eu à remplir jusqu'alors.

Tous ceux qui ont fait partie de cette brave garnison ont bien le droit de revendiquer leur part dans la gloire qui résulte d'un aussi beau fait d'armes. Mais la plus grande partie en appartient sans contredit au Garde du Génie. Ce fut lui qui (*comme le conseil de défense le reconnaît lui-même dans l'honorable certificat qu'il lui en a donné, et dont copie est ci-après à la suite du journal du siége*) fut l'âme de cette belle défense.

Dans le très-court espace de temps qui s'était écoulé depuis qu'il était entré dans les troupes du Génie en qualité de simple mineur, cet employé avait eu à peine le temps d'apprendre la pratique du service des mines. Mais il avait assisté à toutes les opérations du siége de Sarragosse.

Il n'y a pas de doute que les souvenirs qu'il en conserva dürent lui être d'un grand secours, et que c'est à la sagacité avec laquelle il les utilisa que la défense qu'il dirigeait, dût la supériorité constante qu'elle eut sur l'attaque. Il a fallu une bien rare intelligence, pour suppléer ainsi à toutes les connaissances théoriques et pratiques qui lui manquaient. Il y aurait beaucoup moins de quoi s'étonner de la part qu'il eut dans cette défense, si, comme les Sous-Officiers actuels des Régimens du Génie, il eût eu le temps d'approfondir dans une école régimentaire; toute l'instruction qui y est mise à leur portée, et que le corps du Génie leur y prodigue. Au lieu de cela, c'est lui, tout novice qu'il est, qui va leur donner des leçons, et leur montrer tout ce qu'un homme de cœur est capable de faire lorsqu'il réunit de l'intelligence à de la bravoure.

C'est principalement dans la vue de mettre ce bel exemple sous les yeux de ces jeunes militaires, que l'on a cherché à recueillir tous les documens qui se rattachent à la défense de Monzon. On ne connaît aucun fait de ce genre plus digne de leur être offert comme le modèle le plus complet de tout ce que l'on est en droit d'attendre d'eux pour le bien du service du Roi et la gloire de ses armes. Il serait d'ailleurs difficile d'en citer un qui leur fit mieux comprendre comment les évènemens de la guerre peuvent les amener à remplir des rôles très-importans et souvent bien au-dessus de leurs fonctions habituelles.

Puissent-ils, lorsqu'ils se trouveront dans de semblables circonstances, être assez heureux pour trouver partout des coopérateurs pareils à ceux qui prirent part à la défense de Monzon !

NOTICE

SUR MONZON.

Monzon est une petite ville de l'Arragon, de 3000 âmes environ de population. Elle est située sur la rive gauche de la Cinca, sur la route la plus courte qui conduit de Sarragosse à Lérida. On y passe la Cinca sur un bac.

Mais comme cette rivière est extrêmement torrentueuse, et qu'elle est sujette à des débordemens considérables, cette communication est souvent interrompue. Alors elle s'établit par Fraga où l'on passe la Cinca sur un pont de bois que les Espagnols détruisirent en 1809, et que les Français rétablirent depuis, à l'epoque du siége de Tortose.

La ville de Monzon est dominée par un plateau que des ravins escarpés et assez profonds partagent en plusieurs parties.

C'est sur la partie de ce plateau, qui est immédiatement au-dessus de la ville, qu'est établi le château. C'est un quarré long irrégulier dont la longueur est d'environ 150,^{m}00 sur 50,^{m}00 de large Ses escarpes sont revêtues en maçonnerie : elles sont en assez bon état, et ont régulièrement de 8 à 10,^{m}0 de hauteur. Elles sont fondées immédiatement sur le rocher qui est en outre taillé à pic, de plusieurs mètres en contre-bas de la première assise de maçonnerie.

Le mur d'appui qui couronne les escarpes est partout percé d'une grande quantité d'embrasures.

La plate-forme supérieure du château est d'environ 80,^{m}00 au-dessus de la vallée où coule la Cinca.

Dans l'intérieur du château se trouvent tous les établissemens militaires nécessaires pour loger une garnison de 250 hommes, et l'y laisser abandonnée à elle-même pendant quelques mois; savoir,

Un pavillon pour loger le Commandant;
Une Caserne pour la troupe;
Un pavillon pour les Officiers;
Un magasin à poudre;
Deux magasins pour les vivres;
Deux Citernes.

On communique de la ville au château par une rampe praticable aux voitures et bien pavée. Cette communication est défendue par des batteries construites en maçonnerie, et bien fermées.

Le ravin qui sépare le château du reste du plateau peut avoir 3,^{m}00 environ de profondeur sur une largeur de 10 à 12,^{m}00 dans la partie la plus étroite. Il semble avoir été pratiqué dans l'intention d'isoler le château : mais il n'est point flanqué, et on trouve dans plusieurs endroits de son escarpement, sous les bancs des rochers, des excavations à l'aide desquelles on peut facilement s'établir à 70,^{m}00 du pied des escarpes, et y être parfaitement à couvert des feux du château.

Le reste du plateau, qui en est la partie la plus considérable, s'appelle le plateau de la poudrière ; à l'extrémité de ce plateau qui domine la ville, se trouvent les ruines de ce que l'on appelle le *Vieux fort*, dont il est séparé par un fossé peu profond, et tellement déformé, qu'il n'offre aucun moyen de défense.

On communique du château aux ruines du *Vieux fort* par une poterne et une communication à ciel ouvert, l'une et l'autre en assez bon état.

PRÉCIS

DES ÉVÉNEMENS QUI ONT PRÉCÉDÉ LE [SIÉGE DE MONZON.

Aussitôt après le siége de Sarragosse (Février, 1809), l'Armée d'Arragon envoya une forte reconnaissance sur Monzon. Cette reconnaissance trouva le château inoccupé et y laissa une garnison.

Quelque temps après les Espagnols de la Catalogne paraissant s'y porter en forces, la garnison française évacua à son tour sans attendre l'ennemi.

Monzon resta alors également négligé par les deux parties jusqu'en 1810, qu'au retour d'une incursion faite au commencement de Mars, dans le Royaume de Valence avec une partie du 3.e Corps; le Général en chef de l'armée d'Arragon, Comte Suchet, trouva, en arrivant à Sarragosse, l'ordre d'aller mettre le siége devant Lérida.

Il devint dès-lors nécessaire d'occuper le château de Monzon, afin d'assurer les communications de l'armée qui allait faire ce siége, avec Sarragosse et le reste de l'Arragon. On y mit en conséquence une garnison d'environ 200 hommes avec quelques canonniers.

Ce fut alors que le nommé *St.-Jacques*, simple mineur à la 4.e Compagnie du 2.e Bataillon de mineurs, y fut placé en qualité de Garde du Génie provisoire.

Ce château continua à rester ainsi occupé jusqu'en 1813, que l'armée d'Arragon, après avoir évacué le Royaume de Valence, continua son mouvement de retraite sur les Pyrénées, en laissant des garnisons plus ou moins considérables dans les différentes places de la Catalogne.

Celle du château de Monzon se trouva ne pas aller à 100 hommes, Officiers compris.

Dès que cette faible garnison vit qu'elle allait être cernée, elle s'occupa avec activité de ses arrangemens intérieurs. Les Officiers se répartirent entre eux la surveillance des différentes parties du service.

On chargea le Garde du Génie *St.-Jacques* de la direction des travaux de défense, et en outre, de la distribution des vivres et de la surveillance des subsistances :

On institua un conseil militaire de défense sous la présidence du Commandant. Il était composé de la manière suivante.

MM. PROVINS, COUVÈTZ, *Lieutenans de Gendarmerie.*

QUERQUY, CHATENET, *Maréchaux de logis;*

MONCOQ, *Brigadier,*

BLANGONNET, PIQUE, *Gendarmes.*

DÈTAILS DU SIÉGE.

Les documens que l'on est parvenu à recueillir sur la défense de Monzon, se composent, 1.º, de quelques notes fournies par le Garde du Génie. *St.-Jacques*; 2.º d'un croquis assez informe, également fourni par lui, tant du château que des travaux d'attaque et de défense; 3.º du journal du siége; 4.º de deux certificats relatifs à la part que ce Garde du Génie prit aux opérations de ce siége.

NOTES FOURNIES PAR LE GARDE DU GÉNIE St.-JACQUES.

Ces notes ont été rédigées de mémoire, depuis le retour en France de ce Garde. Elles sont principalement relatives aux mesures qu'il fut dans le cas de prendre dans sa double qualité d'administrateur des vivres et de Directeur des travaux défensifs. On y verra toutes les ressources qu'il sut tirer de son propre fond. On croirait nuire à l'intérêt avec lequel elles ne peuvent manquer d'être lues, si on y changeait la moindre expression. Il est évident, d'après ces notes, que ce brave homme n'était pas fort sur la langue française (1). Mais le Journal du siége prouvé qu'il n'en savait pas moins bien se battre *en très-bon Français.* On y voit à chaque page , qu'au talent de bien concevoir un plan , il joignait celui de l'exécuter encore mieux.

« Le premier jour du siége , dit-il dans ces notes , aussitôt que j'ai
» aperçu l'ennemi, j'ai fait entrer dans le château quatre bœufs de
» la ville pour les malades et les blessés pendant le siége, et de plus
» une douzaine de sacs de sucre qui nous a servi pour faire de la
» boisson pendant les derniers jours du siége.

» Une fois que le vin et l'eau-de-vie nous eût manqué, notre boisson
» était composée d'eau, de vinaigre et de sucre, le tout bouilli ensemble·
» J'avais imaginé cette boisson afin d'empêcher que la garnison
» tombât malade par la fatigue.

» Mais nous n'avons été réduits à cette boisson que dans les
» quinze derniers jours. J'avais réglé la ration de sucre à quatre onces
» par homme et par jour, non compris les mineurs que je les faisais
« vivre à discrétion.

» J'ai réglé, pendant toute la durée du siége , la ration d'eau
» à raison de 25 bouteilles par jour pour 15 hommes, non-com·
» pris les mineurs.

» Vers la fin de la première quinzaine du siége , j'ai fait connaître
» à M. le Commandant et aux deux Officiers de Gendarmerie ,
» qu'il était nécessaire que leurs chevaux fussent tués pour mé·
» nager l'eau. Ils m'en ont demandé une déclaration par écrit :
» je ne l'a leur ai pas refusée. Le même jour, les chevaux ont été
» tués. Ils ont été remboursés à Toulouse d'après les ordres de M r
» le Maréchal Duc D'ALBUFÉRA.

« Au commencement du siége , je ne me suis trouvé dans le
» fort qu'avec quatre pelles, deux marteaux de maçon, deux scies,
» trois haches et trois pioches.

« Je n'avais ni chandelles , ni paniers pour les mines.

---

(1) Il est né·Piémontais et n'a pas pu obtenir d'être naturalisé français sans payer ses lettres de naturalisation.

» Je n'avais ni enclume, ni charbon pour réparer les outils.

» Lorsque je m'aperçus que l'ennemi paraissait dans l'intention
» de nous attaquer par les mines, je demandai dans la garnison les
» hommes de bonne volonté pour travailler avec moi comme
» mineurs.

» Il se présenta douze Gendarmes, le caporal d'Artillerie et deux
» canonniers pour les momens où ils ne seraient pas de service à
» leurs batteries.

» Dès que l'ennemi eut commencé ses travaux de mine, je suis
» été obligé de faire tuer les bœufs pour avoir la graisse pour
» faire des chandelles pour les contremines. Ces chandelles
» furent fabriquées par un gendarme.

» J'avais désigné un canonnier, qui était forgeron, pour les
« réparations des outils, lequel se servait d'une bombe pour en-
» clume, et d'une peau de bouc pour soufflet.

» J'ai fait faire du charbon pour les réparations des outils avec
» du bois de l'approvisionnement.

» Les deux premières mines que j'ai prises à l'ennemi m'ont
» procuré des pioches, trois marteaux de maçon, quatre pelles
et dix paniers à terre.

» Il arrivait souvent que je me servais de toute la garnison
» nuit et jour, pour protéger les mineurs et autres attaques.
» Alors je faisais travailler les femmes de la garnison à déblayer
» les terres des contremines.

» Le reste du temps, c'était elles qui étaient chargées de faire le
» pain. Je leur faisais aussi démolir les cartouches d'infanterie qu'il
» fallait défaire pour avoir la poudre nécessaire pour les contremines.

» Dans la nuit du 5 au 6 Décembre 1813, l'ennemi s'est porté au
» pied du fort avec des échelles pour monter à l'assaut. J'ai préparé
» sur les parapets des pièces de bois et des tas de pierres provenant de
» la démolition du couvent de la Trinité, que j'avais fait entrer
» d'avance dans le fort, lesquelles nous ont bien servi dans cette
» occasion, attendu que nous n'avions que la peine de les pousser sur
» l'ennemi, pierres, grenades et obus à la main.

« Cette attaque n'est pas sur le journal du siége. Il y a bien d'autres
» choses qui ont été oubliées d'y mettre, nous avions une si grande
» quantité de travaux à faire à la fois que nous n'avons pas toujours
» eu le temps de tout écrire.

« J'avais fait faire d'avance cinquante frondes pour lancer des
« pierres, et même, plusieurs militaires ont lancé avec leur fronde
» des grenades, ce qui a bien réussi.

« Nous avions encore beaucoup de vivres que nous avons laissés
» à la rémise du fort, excepté le vin et l'eau-de-vie qui nous man-
» quaient depuis une quinzaine de jours.

JOURNAL DU SIÉGE.

La minute de ce journal a été adressée à Son Excellence le Ministre de la guerre au mois de Juillet 1819, par M. le Capitaine
BOUTAN Commandant du fort. Le plan croquis qui se trouve à la
fin de cette relation a été rédigé d'après le croquis assez informe,
dessiné de mémoire par le Garde du Génie, et communiqué par lui.

Malgré les difficultés qu'il pouvait y avoir à mettre d'accord un
journal et un croquis, rédigés à une si grande distance l'un de
l'autre, on peut regarder le journal que l'on va lire comme une
copie littérale de celui qui a été remis au Ministre.

Les seuls changemens que l'on y ait apportés se bornent à quelques phrases que l'on y a remises à la place qu'elles auraient dû
occuper, d'après l'ordre des dates, et aux indications indispensables
pour l'intelligence du plan.

Copie *du rapport fait au Ministre de la guerre par* M. Boutan, *Capitaine Commandant le fort de Monzon.*

ARMÉE D'ESPAGNE.

Journal *du siége du fort de Monzon en Arragon, depuis le 27 Septembre 1813, jusqu'au 14 Février 1814.*

Le 27 Septembre 1813, l'ennemi vient camper sur le plateau, dit de la Fontaine, à 900 toises du château. La nuit suivante il prend position dans la ville.

Le 28, à 6 heures du matin, l'ennemi attaque nos avant-postes. Nous voulons le repousser de ses positions; mais il est en force, et nous sommes obligés de nous retirer. Nous nous sommes maintenus dans les ruines du vieux fort, jusqu'au 10 Octobre.

Le 10 Ortobre, l'ennemi commence une batterie (A) (1) sur la pointe du plateau de la poudrière à 300 toises du château.

Le 11, l'ennemi commence le siége à 6 heures du matin par un feu très-vif de sa batterie, qui est armée d'une pièce de 12 et d'un obusier de 6 pouces. Nous ripostons à l'ennemi avec deux pièces de 8 et un obusier de 6 pouces. Le feu dure avec la même vivacité jusqu'au soir; nous détruisons plusieurs militaires de l'ennemi, et démolissons sa batterie.

Le 12, l'ennemi vient en parlementaire faire proposition si on voulait se rendre. On lui fait réponse que non.

Le 13, le Garde du Génie *St.-Jacques* s'aperçoit que l'ennemi profitant de l'escarpement du ravin qui sépare le château du plateau de la poudrière, commence une mine (a) du côté du vieux fort.

Le 16, le Garde du Génie réunit tous les outils qui sont dans le château, et entreprend dans la communication (D) qui conduit de la poterne au vieux fort, une contremine (b), avec dix gendarmes faisant fonctions de mineurs et un canonnier.

(1) Cette Batterie tombe hors du cadre du plan.

Le 21 Octobre, les Espagnols commencent une batterie (C) sur la pointe du vieux fort.

Le 23, nous envoyons plusieurs obus à l'ennemi. Le canonnier Ogliero est blessé.

Le 26, l'ennemi démasque, à 6 heures du matin, le feu de sa batterie (C). Elle est armée d'une pièce de 16, deux pièces de 12, et d'un obusier de 6 pouces. Nous lui ripostons avec deux pièces de 8. A 8 heures du matin, une pièce de 12 de l'ennemi est démontée. Leur batterie est en partie démolie : plusieurs de ses canonniers sont tués et blessés.

Le même jour, le Garde du Génie s'aperçoit que l'assiégeant a une seconde mine (c), qui, ainsi que la première (a) est dirigée contre le fort. L'entrée en est à 15 pieds environ de distance de la première. Il se décide, d'après cela, à diriger sa contremine, de manière à se trouver entre les deux mines de l'ennemi.

Le 28, le Garde du Génie jugeant que son rameau (b) est assez avancé pour atteindre et détruire les mines de l'ennemi, fait charger un fourneau (c'est celui qui est côté au plan sous le n.° 1.).

La mine étant chargée, le Commandant du fort envoie un parlementaire voir si l'ennemi veut suspendre ses travaux. On fait répondre que chacun se défende.

Quoique la contremine soit chargée, le Garde du Génie a soin de continuer à faire piocher pour que l'ennemi n'ait pas connaissance que la contremine est chargée.

Le 29 Octobre, le Garde du Génie propose au Commandant du fort de faire une fausse attaque, et de battre ensuite en retraite pour attirer l'ennemi sur la contremine qui est chargée.

Le Commandant fait exécuter les intentions du Garde du Génie, et à l'instant où l'ennemi est en foule sur la contremine (vers 11 heures du soir environ), le Garde du Génie y met le feu et la fait sauter. Son explosion détruit les deux mines de l'ennemi, et beaucoup de militaires et de paysans ont péri dans les mines et au-dessus.

Le 2 Novembre, le Garde du Génie s'aperçoit que l'ennemi travaille à deux nouvelles mines (d et f). Il juge que la première est beaucoup avancée du mur du fort. Il débouche en conséquence de la grande communication (D) fait quelques mètres de tranchée et entreprend une nouvelle contremine (e) pour aller à la rencontre de l'ennemi et s'emparer de vive force de sa nouvelle mine. Mais lorsqu'il est à peu près à 5o ou 6o pieds, la nature du terrain l'oblige à renoncer à la prendre à l'assaut. Il se décide alors à la faire sauter. En conséquence il fait préparer de suite, et charger un fourneau (c'est celui qui est côté au plan sous le n.º 2).

Le 25, à 2 heures du soir, on donne le feu à ce fourneau. L'explosion de cette mine est si considérable qu'elle détruit la mine de l'ennemi, et les mineurs et paysans ont péri dans leur mine.

Le 26 Novembre, nous creusons dans la tranchée ouverte précédemment, un puits (g) de 16 pieds de profondeur pour aller contre l'autre mine de l'ennemi à laquelle il travaille depuis 25 jours.

Le 3 Décembre, à 2 heures après midi, nous sommes entrés dans la mine de l'ennemi (f) par notre contremine (g) à force d'obus de grenades à main et de coups de fusil.

L'ennemi a voulu faire beaucoup de résistance, de manière que le feu a été très-vif pendant deux heures. Cinq mineurs, plusieurs grenadiers et paysans y ont été tués. Nous y avons trouvé plusieurs outils dont nous nous sommes emparés.

Le même jour, nous nous sommes emparés de 6o pieds de long de la mine de l'ennemi (f), et des trois rameaux (h, i et k). Ces rameaux n'étaient pas à plus de 4o pieds du mur du fort. Le Garde du Génie et le sieur Hivert, canonnier, étant entrés dans la mine de l'ennemi, ces braves militaires, malgré qu'ils y fussent seuls, allumaient leurs obus et grenades à main, avec le seul moyen d'une chandelle, et sont parvenus à chasser l'ennemi, malgré la fusillade des grenadiers de l'ennemi dans leur mine.

La nuit du 4 au 5, le Garde du Génie s'étant aperçu que l'ennemi avait commencé plusieurs autres mines (l, m, n) fait prolonger la tranchée de quelques pieds, ouvre un nouveau puits (o) de 8 pieds de profondeur, et fait commencer un rameau pour rencontrer l'ennemi.

Le 9 Décembre, le Garde du Génie s'aperçoit que l'ennemi fait commencer une autre mine (p) sur la pointe qui est du côté de la ville , que l'on appelle la place St.-Jean , et qu'il la dirige sous la batterie des pièces de 8 , et sous la caserne et la grande citerne. Le Garde du Génie fait de suite creuser dans la cave du Commandant du fort un puits (q) pour rencontrer cette nouvelle mine de l'ennemi au moyen du rameau (r).

Le 15 Décembre , à 4 heures du soir , notre rameau du puits rencontre une mine de l'ennemi (s). Ne nous voyant pas en forces de résister hors du fort pendant la nuit, et obligé d'abandonner la mine de l'ennemi , et de se retirer dans le fort jusqu'au lendemain matin, avant de partir, le Garde du Génie fait remplir par le caporal d'artillerie un obus de 5 onces de soufre et la jette dans la mine pour empêcher l'ennemi de travailler pendant la nuit ; et pour que l'odeur du soufre reste dans la mine et empêche l'ennemi d'y rentrer , il en fit bien boucher l'entrée.

Le 16 Décembre , le Garde du Génie descend du fort avec ses mineurs , la garnison sous les armes et sur les remparts pour les protéger. Il rentre dans la mine (s) éventée la veille , et y continue ses travaux d'attaque, et ne tarde pas à y rencontrer la communication des trois mines de l'ennemi (l , m , n). A 10 heures du matin , ils rencontrèrent l'ennemi qui était retranché dans la communication commune à ses trois mines. Ils le repoussèrent de ses retranchemens, prirent les bayonnettes qui sortaient des créneaux en sacs-à-terre et arrachèrent les sacs et les étançons en bois. Ils se rendirent maîtres des trois mines (t , u , v) à force d'obus et de grenades-à-main , et poursuivirent l'ennemi jusques dehors de ses mines. Le feu a duré pendant quatre heures dans les souterrains. Pendant ce temps nous avons continué la tranchée (D) pour occuper le terrain au dessus des rameaux (s, t, u, v) et les isoler des trois mines (l , m , n) et malgré le feu de l'artillerie et de la mousqueterie de l'ennemi, nous sommes parvenus à couper à la sappe le dessus des rameaux et en empêcher l'entrée à l'ennemi en y faisant tomber les terres. Les mineurs de l'ennemi

3.

auxquels nous avons par-là coupé la retraite, ont été enterrés sous les ruines de leur mine, ainsi que les soldats et les paysans.

Dans cette action, le Garde du Génie a été blessé à la tête d'un éclat d'obus.

Un gendarme sur le rampart a eu la cuisse emportée d'un boulet de canon, et en est mort

A côté de lui, le caporal d'artillerie a été atteint au bras droit d'une balle de fusil.

Nous avons rencontré dans les mines, et pris beaucoup d'outils, de sacs-à terre et de paniers à transporter les terres dont nous manquions entièrement et qui nous ont bien servi.

Nous nous sommes de suite occupés à détruire et à barricader avec des pièces de bois de sapin, les mines (l, m, n). Mais le Garde du Génie en a conservé différentes parties du côté du fort pour en faire usage au besoin.

Distances auxquelles les quatre rameaux pris à l'ennemi le 16 Décembre, se trouvaient du pied du mur du fort.

Rameau (s)   9 pieds.
Rameau (t)   25 pieds.
Rameau (u)   45 pieds.
Rameau (v)   de 25 à 30 pieds.

Le Garde du Génie fait une communication (x) de la cave du Commandant du fort à ces mines et rameaux.

Notre rameau (r) avait rencontré à 9 pieds du rempart une mine ennemie (y) qui nous embarrassait beaucoup pour continuer à marcher sur la mine ennemie (p).

Le Garde du Génie fit alors commencer un second rameau (z) sur la gauche, à 25 pieds de l'autre, et y fit charger le fourneau côté au plan sous le n.° 3.

Pendant que l'on chargeait le fourneau (1), le Garde du Génie fit toujours continuer à piocher pour entretenir les mineurs de l'en-

---

(1) Nous avons été obligés de démolir 10,000 cartouches pour compléter la charge de cette mine.

nemi dans leur mine. A onze heures du matin, il y fait mettre le feu. L'explosion a été si forte qu'elle a formé un entonnoir considérable, et a détruit une grande longueur de la mine (y) de l'ennemi, et leurs mineurs y ont péri.

Après cette explosion le Garde du Génie fait continuer le rameau (r).

Le 9 Janvier, le Garde du Génie avec le canonnier Hivert, sortent du fort à 11 heures du soir avec deux obus et six grenades à main et une mèche allumée dans un tuyau de fer blanc. S'étant approché à petit bruit d'un respirail (a) qu'il y avait à la mine ennemie (p), à demi portée de pistolet du poste qui était de garde à cette mine, ils allument leurs obus et grenades, et les lancent dans le respirail et y tuent plusieurs grenadiers qui étaient couchés dans la mine pour se garder du froid.

Le 12 Janvier, nous avons rencontré la mine (p) que l'ennemi dirigeait sous la batterie des pièces de 8. Nous l'avons percée avec deux grands pétards (b et c) qui ont renversé les mineurs de l'ennemi. Le même jour nous avons démoli 96 pieds de cette mine, malgré le feu des batteries et le feu de cinquante grenadiers qui gardaient cette mine dans le souterain et dehors.

Le lendemain, nous sommes descendus et avons démoli le restant de 50 pieds.

Le 15 Janvier, le Garde du Génie s'aperçoit que l'ennemi a commencé un boyau (W) qui débouche d'une rue de la ville; que ce boyau passe à travers les ruines du couvent de la Trinité, et se dirige sur la première porte du fort; et qu'il a même commencé tout près de la première barrière une nouvelle mine (d) qu'il dirige sous le magasin à poudre.

Le 10 Janvier, l'ennemi commence une nouvelle mine (e) pour aller sous le magasin aux vivres. Le Garde du Génie fait aussitôt creuser dans la grande communication (D) un puits de 17 pieds de profondeur, et fait commencer un rameau (f) pour rencontrer cette nouvelle mine.

Du 20 au 22 Janvier, l'ennemi établit une parallèle YY, qui va de la première barrière à l'angle de l'avancée, et il commence une nouvelle mine (*h*) à 5o pieds de distance de celle qui est cotée *d*.

Le 25 , il en commence une troisième (*i*) qu'il dirige sous l'ava ncée et la batterie basse.

Le 2 Février, le Garde du Génie fait charger plusieurs obus et grenades à main. Il fait renforcer le poste de l'avancée, et fait faire un trou dans le mur de l'avancée pour descendre dans le fossé (*g*) ; il fait en même-temps préparer une petite échelle , pour monter le mur du fossé (*g*), à l'extrémité de la tranchée ennemie qui s'étend depuis la première barrière jusqu'à l'angle de l'avancée, et que l'ennemi n'a établie que pour faire déboucher de là ses trois mines (*d* ,*h*, *i*).

Ces préparatifs se trouvent terminés vers les 2 heures d'après-midi. Alors, le Garde du Génie, deux canonniers et quatre gendarmes, faisant fonctions de mineurs , font une sortie par le fossé (*g*) de l'avancée. Après avoir monté la petite échelle , et être entrés dans la tranchée ennemie YY , ils se cachent derrière un tas de terres que l'ennemi avait sorties de ses mines.

Un moment après , une partie des mineurs et grenadiers ennemis étant dans la tranchée couchés au soleil , ils allument leurs obus et grenades à main, les lancent dans la tranchée, et s'y étant précipités à la bayonnette , ils s'emparent des trois mines que l'ennemi a été forcé d'abandonner malgré le feu de la batterie (C) qui est sur la pointe *du Vieux fort*. Deux déserteurs français au service de l'ennemi, un prêtre, et plusieurs grenadiers et paysans ont été , dans cette attaque, tués ou blessés.

Ces mines étaient gardées par 25 grenadiers.

Nous y avons pris plusieurs outils.

Le 14 Février nous sommes entrés dans la mine (*e*). Le combat souterrain y a duré une heure , à la suite duquel nous avons chassé l'ennemi de sa mine. Il y a perdu trois de ses mineurs qui y ont été tués.

Le 18 Février, l'ennemi est venu en parlementaire pour nous déclarer de nous rendre prisonniers , et que Lérida et Mequinenza n'étaient plus occupés par les français. Nous avons demandé au parlementaire d'envoyer un Officier de la garnison à Lérida, accompagné de la troupe espagnole, pour reconnaître la vérité, si les Français avaient abandonné ces deux places, et de faire entrer un officier espagnol jusqu'à ce que le nôtre fut rentré.

Notre Officier étant revenu , nous a déclaré que c'était la vérité· Nous avons refusé de nous rendre prisonniers , et avons demandé de sortir avec armes et bagages et 40 cartouches dans chaque gibern e et d'emmener une pièce de canon chargée et mèche allumée tout le long de la route jusqu'à l'armée française en Catalogne, avec un approvisionnement de 60 coups dont 30 à mitraille et 30 à boulet·

L'ennemi a consenti à toutes nos demandes ; mais malheureusement, il a violé ensuite les lois de la guerre. Nous sommes arrivés à Lérida aux conditions de la capitulation. L'ennemi s'y trouvant en forces de cinq mille hommes et plusieurs pièces de canon, il nous a forcés de nous rendre prisonniers, et après nous avoir dévalisés, il nous a conduits à Tarragone.

Pendant les quatre mois et demi que ce siége a duré contre 3000 hommes de la troupe de Mina, la perte de l'ennemi a été de 460 hommes mis hors de combat ; 90,000 francs ont été employés aux travaux de l'attaque.

De notre côté, nous n'avons eu que 10 hommes tant tués que blessés.

CERTIFICATS remis au sieur St. Jacques, constatant la part qu'il a prise aux opérations défensives relatées ci-dessus.

Nota. Le sieur St.-Jacques est dans ce moment-ci (Février 1823.) Garde du Génie de 2.e classe , à Clermont-Ferrand , Département du Puy-de-Dôme.

I.er *CERTIFICAT.*

Je soussigné , Chirurgien , Aide-Major., chargé du service du fort de Monzon , certifie avoir donné mes soins à M. St.-*Jacques* , Garde du Génie, chargé des travaux, pour une blessure provenant d'un éclat d'obus qu'il reçut à la tête près le bord pariétal droit, le 16 Décembre 1813, en travaillant aux mines.

J'atteste, en outre, que le dit *Saint-Jacques* qui a reçu plusieurs autres contusions pendant le siége de cette place, est très-sujet à des céphalalgies très-incommodes depuis cette dernière blessure *Fait à Monzon, le 20 Janvier 1814.*

Le Chirurgien Aide-Major.

Signé : LACHAPELLE

II.me CERTIFICAT.

Nous soussignés membres qui composaient le conseil militaire de la garnison du fort de Monzon, certifions à qui il appartiendra que M. *Saint-Jacques* Garde du Génie chargé des travaux du fort, et des magasins et distributions des vivres, a servi avec zèle, honneur et probité depuis qu'il est entré en exercice de ces fonctions; que par son infatigable activité pendant le siége, il est parvenu à déjouer et même à détruire tous les travaux de l'ennemi: que quoique blessé à la tête, le 16 Décembre, par un éclat d'obus, en s'emparant de quatre mines que l'ennemi dirigeait sous nos murs, il n'a pas cessé une minute la direction des travaux; et que la longue défense du fort a été le fruit de son adresse dans la direction des travaux tant externes que souterrains.

Certifions en outre, que le 17 du mois de Février, après la reddition du susdit fort de Monzon, l'ennemi lui a enlevé tous ses papiers et effets près de Lérida.

En foi de quoi, nous lui avons délivré le présent pour servir et valoir.

A Lérida, le 17 Février 1814.

Signé : BLANGONNET, gendarme; PIQUE, gendarme; CHATENET, Maréchal des logis; PROVINS, Lieutenant; COUVETZ, Lieutenant, QUERQUY, Maréchal des logis; MONCOQ, brigadier.

Vu par le Commandant du fort;

Signé J. M. BOUTAN, Capitaine au 81.e de ligne.

~~~~~~

Légende du Plan , relative aux opérations Militaires.

BATTERIES.

A 1.re Batterie de l'assiégeant . . . . . . { 1 Canon de 12.

                                                  1 Obus. de 6 p.

Cette Batterie a commencé à faire feu le 10 Octobre.

B Seule et unique batterie de la place. . . . { 2 Canons de 8.

                                                  1 Obus. de 6 p.

C 2.e Batterie de l'assiégeant. . . . . . . { 1 Canon de 16.
                                                  1 Canon de 12.
                                                  1 Obus. de 6 p.

Cette Batterie a commencé à faire feu le 21 Octobre.

TRAVAUX DE SAPES.

D. Tranchée débouchant de la communication du Château au Vieux fort pour faciliter l'établissement des contremines.

E. Tranchée défilée dn Vieux fort pour donner à la garnison la facilité d'occuper le plateau qui est au pied des murs.

W. Boyaux de l'assiégeant débouchant des rues de la ville et traversant les ruines du couvent de la Trinité.

Y.Y.Y. Tranchée de l'assiégeant pour faciliter l'établissement de ses nouvelles attaques de mines.

GUERRE SOUTERRAINE.

a. Première mine de l'assiégeant . . . .   13 *Octobre.*
b. Première contremine de l'assiégé . . .   16 *Octobre.*
c. Seconde mine de l'assiégeant . . . . .   26 *Octobre.*
d. Troisième mine , *idem* . . . .   }
e. Seconde contremine de l'assiégé . . . .   }   2 *Novembre.*
f. Quatrième mine de l'assiégeant . . . .   }
g. Troisième contremine de l'assiégé . . .   26 *Novembre.*
h. }
i. }   Rameaux de l'assiégeant.
k. }

Suite de la guerre souterraine.

l. Cinquième mine de l'assiégeant . . . . ⎫
m. Sixième . . *idem* . . . id. . . . . . ⎬ 5 *Décembre.*
n. Septième . . . *idem* . . id. . . . . . ⎭

o. Quatrième contremine de l'assiégé . . .   5 *Décembre.*
p. Huitième mine de l'assiégeant . . . . .   9 *Décembre.*
q. Cinquième contremine de l'assiégé . . .   9 *Décembre.*
r. Rameau de l'assiégé . . . .   9 *Décembre.*
s. Rameau de l'assiégeant éventé le . . . .   15 *Décembre.*

t. ⎫
u. ⎬ Rameaux de l'assiégeant pris le . . .   16 *Décembre.*
v. ⎭

x. Communication souterraine allant de la cave
   du logement du Commandant aux travaux
   pris à l'assiégeant.
y. Neuvième mine de l'assiégeant.
z. Sixième contremine de l'assiégé.
a. Respirail qui donnait dans la mine (p).

b. ⎫
c. ⎭ Pétards qu'a fait jouer l'assiégé le . . . .   12 *Janvier.*

d. Dixième mine de l'assiégeant. . . . . .   15 *Janvier.*
e. Onzième mine de l'assiégeant. . . . . .   16 *Janvier.*
f. Rameau de l'assiégé.
g. Fossé de l'avancée.
h. Douzième mine de l'assiégeant. . . . .   22 *Janvier*
i. Treizième mine de l'assiégeant. . . . . .   25 *Janvier.*
l. l. l. Marche de la sortie du . . . .   2 *Février.*

Explosions des Fourneaux de mines que l'assiégé a fait
jouer.

N.º 1. Fourneau qui a joué le . . . . . .   29 *Octobre.*
N.º 2. Autre Fourneau qui a joué le . . . .   25 *Octobre.*
N.º 3. Autre Fourneau qui a joué dans le . . . de *Janvier.*